URSEL SCHEFFLER

Das grüne Pferd

ILLUSTRIERT VON URSULA VERBURG

Benni war nicht besonders groß. Er war nicht besonders hübsch, und er war nicht besonders stark. In der Schule war er mittelmäßig. Er spielte gerne Fußball und Klavier. Aber beides konnte Enno besser.

Enno war Bennis Freund. Sie gingen in die gleiche Klasse. Die Schule lag mitten in der Stadt, nicht weit vom Stadtpark. Als Benni und Enno klein waren, trafen sie sich im Stadtpark in der Sandkiste. Sie schaukelten gemeinsam auf der Wippe und turnten im Klettergerüst herum. Später spielten sie auf der großen Wiese Fußball. Jetzt

trafen sie sich am Nachmittag immer
seltener.
Enno hatte nämlich einen neuen
Freund, der hieß Sebastian. Benni
kannte diesen Sebastian nicht. Aber
Enno erzählte immer die tollsten Dinge

von ihm. Was sie alles zusammen anstellten, und daß Sebastian ihn öfter mit nach draußen in den Reitstall am Besenberg nahm. Dort hatte Sebastians Onkel reinrassige Rennpferde.
Diese Prahlerei war gemein, fand Benni, denn Enno wußte, daß Benni sich nichts sehnlicher wünschte als ein Pferd. Nie fragte Enno ihn, ob er zu Sebastian mitkommen wolle. Und Benni war zu stolz, um ihn darum zu bitten. Manchmal zweifelte Benni, ob es den sagenhaften Sebastian überhaupt gab. Er hatte ihn jedenfalls noch nie gesehen.

Über Bennis Bett hing ein großes
Pferdeposter. Er las Pferdebücher und

sammelte Pferdeaufkleber und Briefmarken mit Pferden drauf. Als sein Geburtstag kam, sagte Benni: „Ich wünsche mir sieben Jahre nichts zum Geburtstag und drei Jahre nichts zu Weihnachten. Aber ich wünsch mir ein Pferd!"

„Das ist ein verrückter Wunsch!" sagte seine Mutter. „Ein Pferd ist sehr teuer. Außerdem, wo sollen wir hin damit? Mitten in der Stadt? Sollen wir es auf den Balkon stellen und aus den Geranien fressen lassen?"

In der Nacht träumte Benni, daß er ein Pferd hätte, das auf dem Balkon stand und aus den Blumenkästen fraß und das vor Freude laut wieherte, wenn er mittags aus der Schule zurückkam. Aber als er aufwachte, war das Pferd leider wieder weg.

Auf dem Weg zur Schule fand Benni am nächsten Morgen eine Feder. „Du mußt sie in die Luft werfen und dir was wünschen. Bestimmt ist es eine Wunschfeder!" sagte Enno.

Benni sah ganz konzentriert auf die Feder. Dann blies er sie in die Luft. Ein Windstoß kam und trug sie weit, weit davon. Jeder weiß, daß eine Wunschfeder nur wirkt, wenn man keinem seinen Wunsch erzählt. Darum wird auch nie jemand von Benni erfahren, was er sich gewünscht hat. Auch Enno nicht, obwohl er es unbedingt wissen wollte.

GROSSER LESESPASS FÜR JÜNGSTE LESER:

BENJAMIN

BenjaminBücher
Das sind die SchneiderBücher für alle Leseanfänger. Spannend, lustig, informativ und natürlich mit vielen bunten Abbildungen. Damit ihr von Anfang an Freude am Lesen habt.

Alle Bücher der Benjamin-Reihe sind auch zum Vorlesen geeignet. BenjaminBücher gibt es in ➙ *Vereinfachter Schreibschrift*, *Schreibschrift* und **Großdruck**

Diesen Prospekt könnt Ihr aus dem Buch herausnehmen, ohne daß das Buch beschädigt wird.

F 8983–2983

SCHNEIDER BUCH

Die beliebten Bilderbücher - farbig illustriert. Zum Vorlesen und Selberlesen.

Anne Civardi/Stephen Cartwright
Die Welt der Berufe
Ein Bilder-Wörterbuch. Ab 6 Jahre.
Großformat. DM 19,80/ÖS 149,-
Best.-Nr.: 9286

Heather Amery
Inspektor Hauptwort
Ein spannendes Sprachbuch, reich illustriert. Großformat.
DM 19,80/ÖS 149,-
Best.-Nr.: 8529

Heather Amery
Meine ersten tausend Wörter
Ein Bilder-Wörterbuch für die ersten Leseschritte. Ab 4 Jahre. Großformat.
DM 19,80/ÖS 149,- Best.-Nr.: 8010

Anne Civardi
Die Wörter-Reise
2888 Begriffe in Wort und Bild.
Großformat.
DM 19,80/ÖS 149,- Best.-Nr.: 9134

Angela Wilkes/Claudia Zeff
Stephen Cartwright
Mein erstes Zahlenbuch
Zahlen erkennen und Zählen lernen.
Ein Sachbilderbuch. Ab 4 Jahre.
Großformat.
DM 19,80/ÖS 149,-
Best.-Nr: 8804

Claudia Zeff
Mein großes Tierbuch
Tiere erkennen und unterscheiden lernen. Ein Bilder-Wörterbuch.
Großformat.
DM 19,80/ÖS 149,- Best.-Nr.: 8214

Marit Claridge/John Shackell
Mein erstes Naturbuch
Viele Experimente für junge Forscher und Entdecker. Ab 7 Jahre.
Großformat.
DM 19,80/ÖS 149,- Best.-Nr.: 9502

Brenda Cook
Mein erstes Buch vom Bauernhof
Ein Sachbilderbuch über die Tiere und Geschehnisse auf einem Bauernhof.
DM 19,80/ÖS 149,-
Best.-Nr.: 4134

BENJAMIN®

Ursel Scheffler
Das ABC-Monster ▲ ● ■
Vom Umgang mit den Buchstaben. Ein Monsterspaß von A bis Z.
So werden Kinder spielerisch mit dem ABC vertraut. Diesen
Titel gibt es in vereinfachter Schreibschrift, Schreibschrift und Großdruck.
Je DM 8,95/ÖS 69,-
Best.-Nr.: 9506/9505/9504

▲ = Vereinfachte Schreibschrift
● = Schreibschrift
■ = Großdruck

Dimiter Inkiow
Die Karottennase ●
Drei lustige Wintergeschichten zum
Aufwärmen. Genau das Richtige für
lange Winterabende.
DM 8,95/ÖS 69,- Best.-Nr.: 9155

Dimiter Inkiow
Der singende Kater ●
Fünf neue Katz-und-Maus-Geschichten
für alle Kinder, die Katzen und Mäuse
mögen.
DM 8,95/ÖS 69,- Best.-Nr.: 4074

Aleš Vrtal
**Die Geschichte vom
unzufriedenen Hasen** ●
Der Hase hat einen großen Wunsch,
nämlich eine Wurst zu essen.
Doch als sein Wunsch in Erfüllung
geht, ist er enttäuscht...
DM 7,95 /ÖS 65,- Best.-Nr.: 4153

Alfons Schweiggert
Simsalabimbam ■
Lauter lustige Zauberergeschichten.
Neun Zauberern macht es einfach
riesigen Spaß, ihre Zauberkünste
zu zeigen.
DM 8,95/ÖS 69,-
Best.-Nr.: 4145

BENJAMIN

▲ = Vereinfachte Schreibschrift
● = Schreibschrift
■ = Großdruck

Rudolf Herfurtner
Käpt'n Erwin segelt zur Schokoladeninsel ■
Erwin möchte neue Freunde finden. Eine tolle Idee hilft ihm dabei.
DM 8,95/ÖS 69,-   Best.-Nr.: 8825

Sabine Jörg
Zwei Schweinchen sehen fern ●
Diese lustige Geschichte fordert Kinder dazu auf, über dem Fernsehen Freunde und Spiele nicht zu vergessen.
DM 7,95/ÖS 65,-   Best.-Nr.: 9586

Ursel Scheffler
Die Weihnachtsgrippe ■
Eine lustige Weihnachtsgeschichte. Mit Weihnachtsanhängern zum Ausschneiden.
DM 7,95/ÖS 65,-   Best.-Nr.: 4152

Karlhans Frank
Sonntags kommt die Zauberkatze ■
Eine verrückte, lustige Sonntagmorgengeschichte.
DM 8,95/ÖS 69,-   Best.-Nr.: 9230

Dimiter Inkiow
Der versteckte Sonnenstrahl ●
Die bezaubernde Fabel von einem Sonnenstrahl, der Schiedsrichter bei einer Wette sein soll.
DM 8,95/ÖS 69,-   Best.-Nr.: 8034

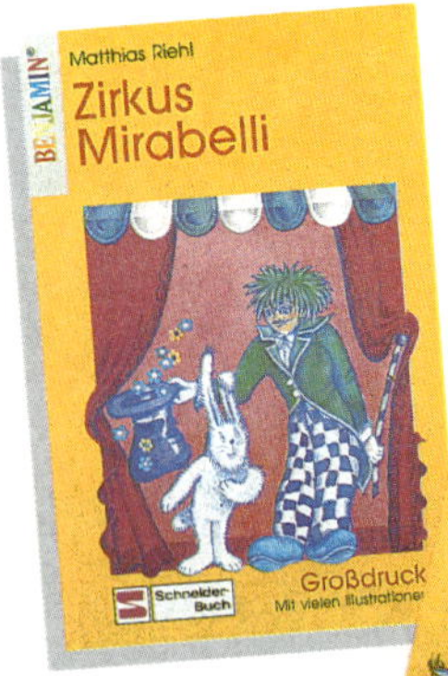

Matthias Riehl
Zirkus Mirabelli ■
Eine Zirkusgeschichte zum Lachen und Nachdenken.
DM 7,95/ÖS 65,-   Best.-Nr.: 8157

Ursel Scheffler
Sascha, der kleine Elefant ●
Die spannenden Abenteuer des kleinen Elefanten Sascha, der auszog, um ein berühmter Elefant zu werden.
DM 7,95/ÖS 65,-   Best.-Nr.: 7889

BENJAMIN

Max Kruse
Flori geht zur Schule ▲ ●
Weil Flori stets andere Dinge im Kopf hat, kommt er immer zu spät zur Schule. Dieses Buch gibt es in vereinfachter Schreibschrift und in Schreibschrift.
DM 8,95/ÖS 69,-   Best.-Nr.: 8255
Best.-Nr.: 4225

▲ = Vereinfachte Schreibschrift
● = Schreibschrift
■ = Großdruck

Anne Weber
Ich zähl die Schäfchen eins, zwei, drei ●
Mit viel Phantasie kann ein langweiliger Sonntagmorgen so richtig aufregend werden.
DM 8,95/ÖS 69,-   Best.-Nr.: 8960

Aleš Vrtal
Willst du mein Freund sein fragt die Maus ●
Die Geschichte von der Maus, die einen starken Freund sucht.
DM 8,95/ÖS 69,-   Best.-Nr.: 4103

Anna Thaler
Hurra, ich gehe in die 1. Klasse ■
Einfache Geschichten, die Kinder auf die Schulvorbereiten.
DM 8,95/ÖS 69,-   Best.-Nr.: 9601

Max Kruse
Du bist schon 6 ■
Wundersame Geschichten und Märchen rund ums sechste Lebensjahr.
DM 9,80/ÖS 79,-
Best.-Nr.: 9130
Diese Titel gibt es ebenfalls:
● Du bist schon 5 ● Du bist schon 7 ● Du bist schon 8

René Rilz
Mein erstes Witzbuch ■
Ein fröhliches Buch für alle Kichererbsen. Mit vielen Witzen, auch zum Weitererzählen.
DM 7,95/ÖS 65,-
Best.-Nr.: 4104

BENJAMIN®

Chris Oberhuemer
Lieber kleiner Hamster ●
Für Stefan und Clemens geht ein Wunsch in Erfüllung.
DM 7,95/ÖS 65,-   Best.-Nr.: 7763

Maren Müller
Lieber kleiner Igel ●
Eine Geschichte, bei der Kinder lernen, was Verantwortung bedeutet.
DM 7,95/ÖS 65,-   Best.-Nr.: 8262

▲ = Vereinfachte Schreibschrift
● = Schreibschrift
■ = Großdruck

Bernd Küsters
Briefträger Brausewetter ●
Dem Briefträger Brausewetter tun die Füße weh. Da hat er eine tolle Idee...
DM 8,95/ÖS 69,-   Best.-Nr.: 9889

Der liebenswerte **Detektiv Hans Hase** und seine Freunde setzen sich für die Umwelt ein und lösen in jedem Band auf pfiffige Weise einen Fall. Diese Reihe umfaßt 6 Bände, jeweils in Großdruck.

Pierre Coran
Detektiv Hans Hase ■
Der Karottenbetrug (Bd. 1)
Kunstdünger in Karotten — wieder ein Fall für Hans Hase.
DM 7,95/ÖS 65,-   Best.-Nr.: 4113

Pierre Coran
Detektiv Hans Hase
Fluß in Gefahr (Bd. 2) ■
Der Fluß ist total verdreckt. Detektiv Hans Hase und seine Freunde wollen etwas dagegen unternehmen.
DM 7,95/ÖS 65,-   Best.-Nr.: 4114

Pierre Coran
Detektiv Hans Hase
Die Pfeiffendiebe (Bd. 3) ■
Der Hund des Försters leidet unter dem Pfeiffenrauch seines Herrn. Auch hier weiß Detektiv Hans Hase Rat. DM 7,95/ÖS 65,-
Best.-Nr.: 4115

Ingrid Uebe
Ich wünsch mir einen Vogel ●
Von der Freundschaft zwischen Tieren und Kindern.
DM 8,95/ÖS 69,-   Best.-Nr.: 9202

BENJAMIN

Dimiter Inkiow
Maus und Katz ●
Vier freche Geschichten von der
Katze Elvira und der Maus Micki.
DM 7,95 /ÖS 69,-
Best.-Nr.: 8417

Jo Pestum
**Nachts bin ich ein Astronaut,
aber das weiß keiner** ■
Wie Georg sich nachts in einen
Astronauten verwandelt, wird hier
verraten.
DM 9,80 /ÖS 79,- Best.-Nr.: 9891

Jo Pestum
**Nachts bin ich eine Hexe,
aber das weiß keiner** ■
Elisabeth verrät, wie sie sich nachts in
eine kleine Hexe verwandelt.
DM 9,80 /ÖS 79,- Best.-Nr.: 9890

Max Kruse/Erich Hölle
Urmel in der See (Bd. 3) ● ■
(Ohne Abbildung)
DM 9,80 /ÖS 79,-
Best.-Nr.: 4230   Best.-Nr.: 9789

Max Kruse/Erich Hölle
**Urmels
toller Streich** (Bd. 4) ● ■
Weil Wissenschaftler versuchen,
die Insel Titiwu zu
erforschen, läßt
sich Urmel etwas
Tolles einfallen,
um sie wieder
zu vertreiben.
DM 9,80 /ÖS 79,-
Best.-Nr.: 4231
Best.-Nr.: 9818

**Urmel,
das freche
kleine Urtier
mit der Nilpferdschnauze.**
6 Bände sind bereits in dieser Serie
erschienen. Die Reihe wird fortgesetzt. Die Titel gibt es in Großdruck
und bis Band 4 in Schreibschrift.

Max Kruse/Erich Hölle
**Urmel kommt
zur Welt** (Bd.1) ● ■
Hier beginnen die lustigen und
spannenden Abenteuer des kleinen
Urmel.
DM 9,80/ÖS 79,-   Best.-Nr.: 9605
                  Best.-Nr.: 4031

Max Kruse/Erich Hölle
**Urmel auf
dem Mond** (Bd. 2) ● ■
Professor Tibatong und seine Tiere
fliegen zum Mond.
DM 9,80/ÖS 79,-
Best.-Nr.: 4032
Best.-Nr.: 9606

Max Kruse/Erich Hölle
**Urmels neuer
Freund** (Bd. 5) ■
Bei einem Ausflug zum Nordpol
schließt Urmel Freundschaft mit
einem kleinen Seehund.
DM 9,80/ÖS 79,-   Best.-Nr.: 4023

◄ = Vereinfachte Schreibschrift
● = Schreibschrift
■ = Großdruck

BENJAMIN®

Eva-Maria Brehm/Wolfgang Kerler
Die Ratzlkinder ▲
Die Ratzlkinder leben gemütlich auf einer Müllhalde. Eines Tages gehen sie auf große Entdeckungsreise. Es wird ein echtes Müllabenteuer.
DM 9,80/ÖS 79,-   Best.-Nr.: 9585

▲ = Vereinfachte Schreibschrift
● = Schreibschrift
■ = Großdruck

Die lustigen Streiche von Klara und ihrem kleinen Bruder.
14 Bände gibt es bereits von dieser Serie. 6 Titel davon sind auch in Schreibschrift erhältlich. Die Serie wird fortgesetzt.

Dimiter Inkiow
Meine Schwester Klara und die Pfütze (Bd. 3) ● ■
Welche folgenreiche Rolle eine Pfütze spielen kann, erfahrt ihr in dieser lustigen Geschichte von Klara und ihrem kleinen Bruder.
DM 9,80/ÖS 79,-   Best.-Nr.: 8278

Dimiter Inkiow
Meine Schwester Klara und die Geister (Bd.1) ● ■
Klara und ihr Bruder verkleiden sich als Gespenster...
DM 8,95/ÖS 69,-   Best.-Nr.: 4107

Dimiter Inkiow
Meine Schwester Klara und der Haifisch (Bd. 4) ● ■
Klara und ihr Bruder auf Haifischjagd... Eine Geschichte, die euch bestimmt zum Lachen bringt.
DM 8,95/ÖS 69,-   Best.-Nr.: 4110

Dimiter Inkiow
Meine Schwester Klara und ihr Schutzengel (Bd. 5) ● ■
Die Sache mit Klaras Schutzengel bereitet Klaras Bruder Kopfzerbrechen.
DM 9,80/ÖS 79,-   Best.-Nr.: 8735

Dimiter Inkiow
Meine Schwester Klara und der Piratenschatz (Bd. 14) ● ■
Mit einer Schatzkarte gehen die beiden Geschwister auf abenteuerliche Schatzsuche.
DM 9,80/ÖS 79,-   Best.-Nr.:4029

Am Nachmittag, auf dem Weg zur Klavierstunde, kam Benni am Stadtpark vorbei. Dort stand ein Reiterdenkmal. Benni war mit Enno oft auf den Steinstufen herumgeklettert. Es war ein Bronzepferd, das im Laufe der Zeit samt seinem Reiter ganz grün geworden war. August der Starke hieß der Reiter. Das konnte man auf dem Sockel lesen. Benni hatte sich oft gewünscht, er wäre so groß und stark wie er.

Diesmal blieb Benni überrascht stehen.
Nanu! Der August war weg!
Der Sattel war leer. Am Denkmalsockel hing ein Schild:

Wegen Renovierung der Nase zwischenzeitlich entfernt

Richtig, der starke August hatte ein Loch in der Nase gehabt. Oben, dort, wo keins hingehörte.

Vielleicht rostet ein Denkmal, wenn es dauernd in die Nase hineinregnet, überlegte Benni, und er dachte, daß August der Starke am Ende gar nicht so stark war...

Während Benni nachdenklich vor dem Denkmal stand, hörte er ein leises Wiehern. Erstaunt sah er sich um. Aber kein Pferd war zu sehen. Es kam schon einmal vor, daß ein Reiter durch den Stadtpark kam. Aber eigentlich war das Reiten im Stadtpark

verboten, weil die Pferde mit ihren Hufen die glattgeharkten Wege kaputtmachten und die gepflegten Wiesen zertrampelten. Schließlich war der Stadtpark der Stolz der Stadt, und er sollte immer tipptopp aussehen. Schon wegen der Fremden, die in die Stadt kamen und einen guten Eindruck bekommen sollten. Denn der Park lag direkt zwischen Bahnhof und Messehalle.

Benni wollte weitergehen, da merkte er, daß ihm das Denkmalpferd mit dem linken Auge zublinzelte, geradeso, als wollte es sagen: „Komm! Steig auf!"
Das ließ sich Benni nicht zweimal sagen. Er warf die Tasche mit den Notenblättern auf den Boden, packte das Pferd am Zügel, stieg auf das abgeknickte linke Vorderbein und kletterte in den Sattel.

Es war ein tolles Gefühl, so hoch oben zu sitzen.
„Hühott!" rief er. „Wir reiten in die Welt. Wir reiten, wohin du willst!" Er tätschelte das Pferd am Hals.
Aber da kam der Parkwächter.
„Was suchst du denn da oben? Mach, daß du herunterkommst!" schimpfte der Mann und drohte mit dem Finger.

Widerwillig ließ sich Benni hinuntergleiten. Er war sehr traurig. Der Parkwächter hatte ihn in einem herrlichen Traum gestört. Einen kleinen Augenblick lang hatte Benni nämlich das Gefühl gehabt, auf einem echten Pferd zu sitzen.

Hastig nahm Benni seine Tasche auf und lief davon. Es war höchste Zeit für die Klavierstunde! Er war gar nicht bei der Sache und kam dauernd aus dem Takt.

„Was ist denn heute bloß mit dir los, Benni?" erkundigte sich die Klavierlehrerin besorgt.
Benni zuckte mit den Schultern und sagte: „Ach nichts."

Die Klavierlehrerin blätterte im Notenheft und sagte: „Dann wollen wir etwas spielen, was dich aufmuntert. Vielleicht einen Galopp?"
Bennis Augen leuchteten. Seine Finger glitten über die Tasten, und seine Gedanken wanderten dabei wieder zurück zu dem grünen Pferd, und er

redete sich ein, sein Klavierstuhl sei ein Sattel. Da fand er den richtigen Takt ganz von selbst.
„Das war schon viel besser", sagte die Lehrerin zufrieden.

Als die Stunde zu Ende war, konnte Benni es gar nicht erwarten, bis er wieder zum Stadtpark kam. Es war schon dämmerig. Die Straßenlaternen flackerten auf, als er um die Ecke bog und auf das Denkmal zulief. Im Lichtschein konnte Benni sehen, daß das Pferd ihm wieder zuzwinkerte. Diesmal mit dem anderen Auge!
Vorsichtig sah sich Benni um. Kein Parkwächter in Sicht. So wagte er es: Er kletterte wieder auf das grüne Pferd. Es fühlte sich warm und weich an. Als er im Sattel saß, wieherte es plötzlich.

„Tatsächlich! Es bewegt sich!" rief Benni überrascht. Er hielt sich schnell an der Mähne fest. Das Pferd setzte den rechten Fuß vor, dann den linken und stieg vorsichtig vom Sockel. Dann trabte es über die Wiese durch den Stadtpark.
„Reiten ist hier verboten!" brummte ein Mann mit einem Dackel ärgerlich.

Aber das störte Roß und Reiter nicht. Benni juchzte. Schneller und immer schneller lief das Pferd. Es trabte an der Sandkiste vorbei, über die Fußballwiese zum Fluß hinunter und — dann stieg es plötzlich in die Luft!

„Wir fliegen!" jubelte Benni und strich dem grünen Pferd liebevoll über den warmen Hals. Es fühlte sich an wie ein Pferd, und es roch auch wie ein Pferd! Für Benni war es der herrlichste Duft der Welt.
Das grüne Pferd schnaubte und

schüttelte die Mähne. Dann ritt es mit Benni bis zu den Wolken hinauf. Unten lag — ganz klein — die Stadt, in der nun überall die Lichter angingen. Es war ein herrlicher klarer Herbstabend. Und Benni konnte ganz weit sehen. In der Ferne entdeckte er die

Berge, hinter denen die Sonne unterging. Im Osten lag der Badesee, auf dem er am letzten Wochenende mit Papa gerudert hatte. Und ganz hinten auf dem glitzernden Strang fuhr die Eisenbahn. Sie näherte sich dem Bahnhof.

Nachdem sie eine Weile die Umgebung der Stadt erkundet hatten, sagte Benni:

„Können wir nicht ein bißchen weiter hinunter fliegen und die Stadt aus der Nähe ansehen? Ich würde zu gern bei einigen Leuten ins Fenster gucken. Ich möchte Enno besuchen, den Reitstall am Besenberg und meine Eltern!"
Das grüne Pferd wieherte. Es glitt sacht durch die Luft, umkreiste vorsichtig den Kirchturm und näherte sich wieder den Dächern der Stadt, so wie es sich Benni gewünscht hatte.

Unten in den Straßen staute sich der Verkehr, weil jetzt die Läden schlossen und viele Leute von der Arbeit nach Hause fuhren.

„Als erstes zum Pferdestall am Besenberg", bat Benni. Er wollte unbedingt die tollen Rennpferde sehen, von denen Enno so schwärmte. Aber die Enttäuschung war groß. Der Pferdestall war eine Diskothek, und alles, was von dem Pferdebestand übriggeblieben war, war ein zottiges Pony, das in einem winzigen eingezäunten Pferch neben der staubigen Straße stand und sehnsüchtig zu ihnen hinaufblickte. „Enno, dieser Angeber!" brummte Benni. „Na, warte!"

Statt Pferden standen Motorräder auf der Wiese vor dem ehemaligen Reitstall, und aus den Türen erklang laute Musik, weil eine Band fürs Abendprogramm probte.

„Weiter. Zurück in die Stadt", bat Benni.
Sie flogen durch die Badstraße. Dort wohnte Enno.

„Hier ist es! Ein bißchen langsamer!
Dort, das gelbe Haus!" rief Benni.
Das grüne Pferd schwebte langsam an
Ennos Fenster vorbei. Benni entdeckte
Enno sofort. Er saß vor dem Fernseher
und sah einen Cowboyfilm an.

„Na warte! Und morgen erzählt er mir wieder von den tollen Abenteuern, die er angeblich mit Sebastians Pferden erlebt hat! Neidisch will er mich machen, sonst nichts", knurrte Benni ärgerlich.

Der Deutschlehrer, der im Haus neben Enno wohnte, korrigierte gerade die Schulhefte. Und eine Straße weiter deckte Bennis Mutter den Abendbrottisch.
„Ich muß bald zurück. Sie werden mich vermissen, wenn ich nicht zum Abendessen zu Hause bin!" rief Benni erschrocken.
Da flog das Pferd mit ihm in einem großen Bogen zum Stadtpark zurück.

Als das Pferd wieder auf dem Sockel stand, kletterte Benni herunter.
„Morgen komm ich wieder!" versprach Benni. Er nahm seine Tasche unter den Arm und rannte nach Hause. Trotzdem kam er natürlich viel zu spät.

„Wo bleibst du denn so lange? Ich habe schon bei deiner Klavierlehrerin angerufen. Wir haben uns solche Sorgen gemacht. Schließlich ist es stockfinster draußen", sagte seine Mutter vorwurfsvoll.

Benni dachte, am besten sei es, die Wahrheit zu sagen. Eine ungewöhnlichere Ausrede gab es nicht.
„Ich bin auf einem großen grünen Pferd durch die Stadt geritten", sagte Benni. „Es war toll!"
Die Eltern sahen sich zweifelnd an.

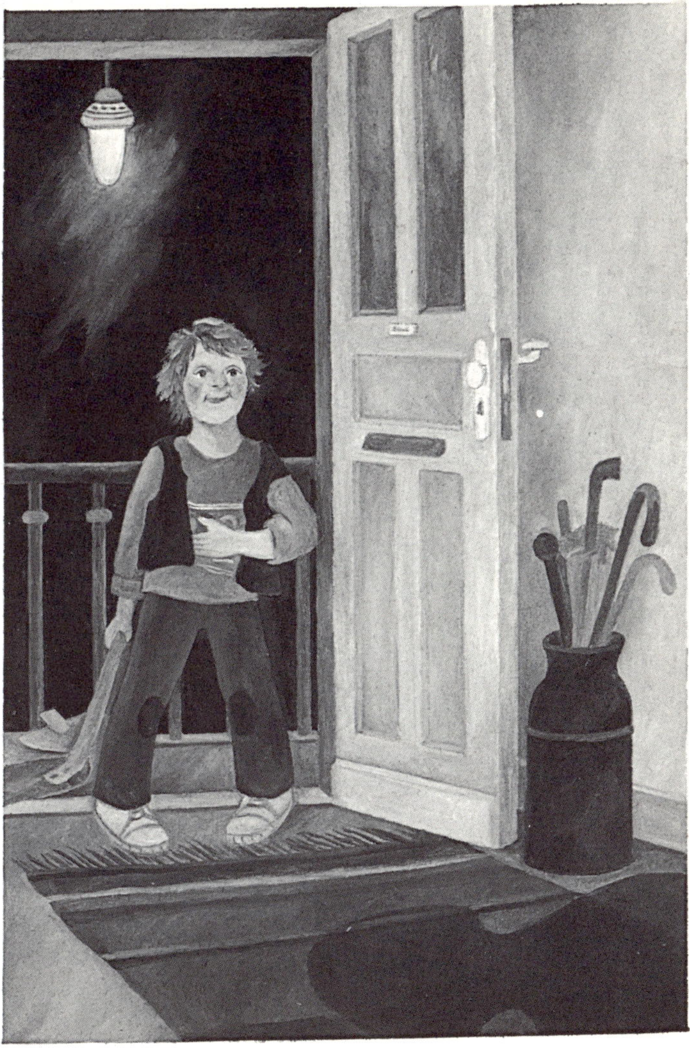

„Bei diesem Verkehr? Erzähl uns keine Märchen!" sagte der Vater.
„Das Pferd ist geflogen, und ich hab

durch das Fenster sehen können, wie du den Abendbrottisch gedeckt hast!" sagte Benni fröhlich.
„Na, jetzt hör aber auf mit der Flunkerei!" sagte die Mutter. „Wasch dir die Hände, und komm zum Abendessen. Du siehst ganz verschmiert aus."

„Das Pferd war ziemlich schmutzig. Schließlich steht es schon über hundert Jahre am Stadtpark", murmelte Benni. Als er hinausging, um sich die Hände zu waschen, sagte seine Mutter sorgenvoll zu seinem Vater: „Glaubst du, daß er im Kopf noch ganz richtig ist?

Dieser sehnsüchtige Wunsch nach einem Pferd hat ihn völlig um den Verstand gebracht. Was können wir bloß tun?"
„Vielleicht können wir im nächsten Sommer Ferien auf einem Ponyhof machen oder so", schlug der Vater vor. Als Benni wieder hereinkam und mit großem Hunger sein Abendbrot aß, musterten die Eltern ihn immer wieder voller Sorge. Seltsam: Er sah doch ganz gesund und glücklich aus!

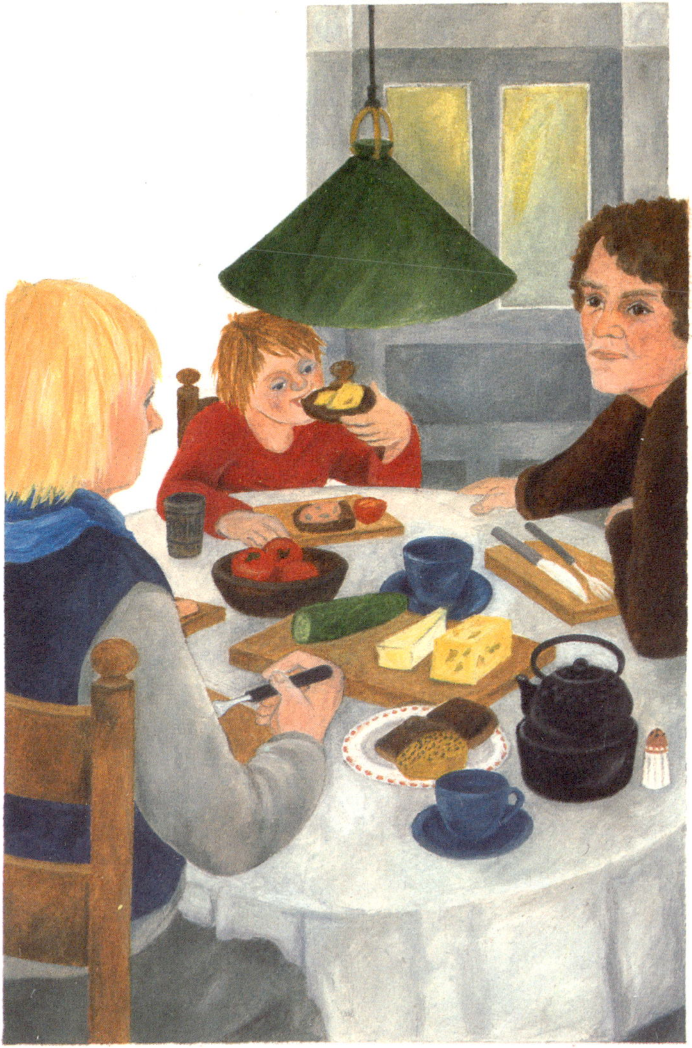

Am nächsten Morgen machte sich
Benni vergnügt auf den Schulweg.
Früher als sonst klingelte er bei Enno,
um ihn abzuholen.
„Ich bin gestern geritten! Durch die
ganze Stadt!" berichtete Benni auf-
geregt.
„Und ich war den ganzen Tag mit

"Sebastian im Reitstall. Wir sind über Hindernisse gesprungen. So hoch! Mann, das war ganz schön gefährlich! Einmal bin ich fast gestürzt. Wir hörten erst auf, als es dunkel wurde", behauptete Enno.

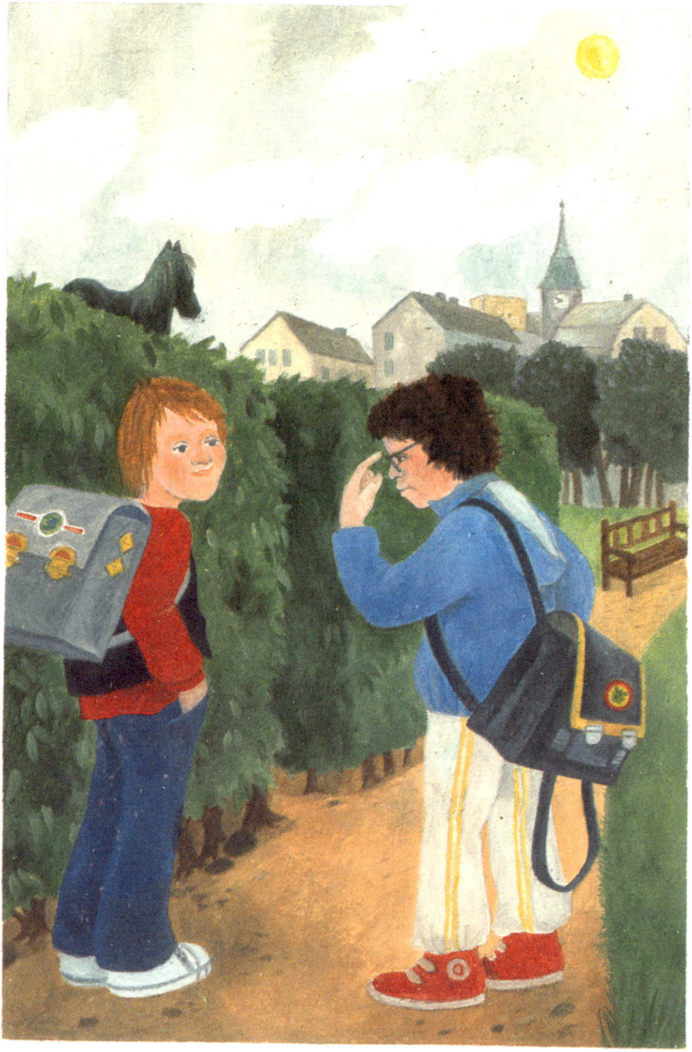

„Komisch. Ich dachte, du hast den Cowboyfilm gesehen", sagte Benni und sah Enno prüfend an.

„Ach ja, richtig", verbesserte sich Enno verlegen. „Dann muß ich vorgestern im Reitstall gewesen sein. Oder vor-vorgestern." Enno stutzte. „Aber sag mal, woher weißt du das? Das mit dem Cowboyfilm, meine ich."

„Ganz einfach: Ich bin an deinem Fenster vorbeigeritten und hab hineingesehen", sagte Benni vergnügt.

„Spinnst du, oder was?" sagte Enno und blieb stehen.

Da blieb Benni gar nichts anderes übrig, als Enno die ganze Geschichte zu erzählen. Der glaubte natürlich kein Sterbenswörtchen. Bis sie zu dem Denkmal kamen.
„Tatsächlich, der August ist weg!" sagte Enno. „Aber das ist noch lange kein Beweis, daß das Pferd mit dir geritten ist!"

Tatsächlich stand das grüne Pferd wieder stumm und steif da, als wäre es nie von seinem Sockel gestiegen. Nur ein kleiner Haufen dampfender Pferde-

äpfel verriet, daß vor kurzem noch
ein lebendiges Pferd in der Nähe
gewesen sein mußte.

„Und was ist dann das?" fragte Benni und deutete auf die Pferdeäpfel.
„Das kann einer hingelegt haben!" sagte Enno. In diesem Augenblick ertönte ein leises Wiehern. Das Pferd wendete den Kopf und zwinkerte den Jungen zu.
Erschrocken hielt Enno Benni am Ärmel fest und stotterte: „Hast du... hast du... das gesehen?"

Benni nickte. "Sag ich doch dauernd", antwortete er gelassen.
"Mann, das — das — g-g-glaubt uns kein Mensch!" stotterte Enno aufgeregt.

„Dann war's wohl eine optische Täuschung!" sagte Benni leichthin. „Und übrigens bin ich jetzt sowieso mit allem vorsichtig, was du erzählst!"
„Aber das Pferd — es hat wirklich gewiehert! Und geblinzelt hat es auch." Enno konnte sich gar nicht beruhigen.
„Es hat keinen Sinn, Leuten Sachen zu erzählen, die sie einfach nicht glauben wollen, auch wenn sie noch so wahr sind!" antwortete Benni.

Als zwei Denkmalbauer vier Wochen später August den Starken wieder auf das Pferd setzten, sagte der eine: „Sag

mal: Hat das Pferd nicht vorher den Kopf auf der anderen Seite gehabt?"
„Du hast recht!" sagte der andere.
„Aber wie ist das möglich?"
„Ist mir egal. Wir werden nicht dafür bezahlt, uns über so was den Kopf zu zerbrechen. Hauptsache, es tropft nicht mehr in Augusts Nase!"

Dann packten sie ihre Sachen zusammen und gingen nach Hause.
Den anderen Leuten in der Stadt fiel es seltsamerweise gar nicht auf, daß das Pferd den Kopf jetzt zur anderen Seite herumgedreht hatte. Wahrscheinlich, weil Denkmäler den Leuten nicht mehr auffallen, wenn sie erst einmal daran gewöhnt sind.

CIP-Kurztitelaufnahme der Deutschen Bibliothek

Scheffler, Ursel:
Das grüne Pferd / Ursel Scheffler. –
München : F. Schneider, 1986.
  (Schneider-Buch : Schreibschrift für Jüngste Leser)
  ISBN 3-505-09355-6

🌑 1986 by Franz Schneider Verlag
Frankfurter Ring 150 · 8000 München 40
Alle Rechte vorbehalten
Umschlagbild und Illustrationen: Ursula Verburg
Umschlagkonzeption: Heinz Kraxenberger
Satz: A. Huber GmbH & Co. KG, München
Druck: Staudigl-Druck, Donauwörth
ISBN: 3-505-09355-6

Alle mal herhören!

Millionen Kinder lachen über die lustigen Streiche von **Schwester Klara** und ihrem kleinen Bruder.

Folgende SchneiderTon-Cassetten sind bereits erschienen: Meine Schwester Klara ...

- ... und die Geister
- ... und das liebe Geld
- ... und ihr Geheimnis
- ... und der Löwenschwanz
- ... und die Pfütze
- ... und der Haifisch
- ... und die große Wanderung
- ... und das Lachwürstchen
- ... und der Piratenschatz
- ... und der Osterhase
- ... und ihre Kochlöffel
- Ich und meine Schwester Klara

Jede SchneiderTon-Cassette DM 7,95.